Bibliografische Information der Deutschen Nationalbibliothek:

Die Deutsche Bibliothek verzeichnet diese Publikation in der Deutschen National-
bibliografie; detaillierte bibliografische Daten sind im Internet über http://dnb.d-
nb.de/ abrufbar.

Impressum:

Copyright © 2012 GRIN Verlag
Druck und Bindung: Books on Demand GmbH, Norderstedt Germany
ISBN: 9783668722484

Dieses Buch bei GRIN:

https://www.grin.com/document/428352

Na Chen

Über die Interferenz unter dem Begriff "Kontrastive Hypothese"

GRIN Verlag

Inhalt

1. Einleitung

Der Zusammenhang zwischen der Muttersprache und dem Fremdsprachenerwerb ist seit langem ein wichtiges Thema der Fremd- und Zweitspracherwerbsforschung. Es ist unbestreitbar, dass die Muttersprache und die Fremdsprache beim Fremdspracherwerb in komplizierte Wechselbeziehungen zueinander treten (Ahmad 1996: 37). Inwiefern gibt es einen Zusammenhang zwischen der Muttersprache und dem Fremdspracherwerb? Kann die Muttersprache gar hilfreich sein oder behindert sie den Fremdspracherwerb? Um diese Fragen zu beantworten haben auf diesem Gebiet viele Linguisten, darunter Charles C. Fries (1945) und Robert Lado (1957), eine wichtige Theorie, nämlich die „Kontrastive Hypothese" aufgestellt.

Als eine wichtige und grundlegende Theorie in der Fremd- und Zweitsprachenerwerbsforschung, geht die Kontrastive Hypothese davon aus, dass ein Lernender muttersprachliche Kenntnisse und Fertigkeiten in die Fremdsprache überträgt, wobei diese Übertragung je nach dem Verhältnis zwischen den entsprechenden muttersprachlichen und fremdsprachlichen Erscheinungen entweder einen fördernden (Transfer) oder einen hemmenden Einfuss (Interferenz) auf die Aneigung der Fremdsprache ausüben können (Ahmad 1996: S. 37). Da die Interferenz eine große Rolle beim Fremdspracherwerb spielt, konzentriert sich die vorliegende Arbeit besonders drauf.

Zu beginn der vorliegenden Arbeit wird die Kontrastive Hypothese, darunter ihre starke und schwache Version erklärt. Diese ist wichtig für das Verständnis der anschließenden Diskussion. Danach möchte ich die Interferenz erläutern. Da es sich in der folgenden Arbeit hauptsächlich um die interlinguale Interferenz handelt, ist es nötig, intralinguale und interlinguale Interferenz zu differenzieren. Anschließend werde ich die Interferenz auf verschiedene Sprachebenen, z.B. auf der Ebene der Phonetik, der Ebene der Vokabulare usw. diskutieren. Als eine Deutschsprachlernende möchte ich anhand meiner eigenen Lernerfahrung und der Fachliteratur einige Bespiele der Interferenz vom Chinesischen auf das Deutsche zeigen. Im Anschluss daran werden mögliche Ursachen der Interferenz und Vorschläge zur Vermeidung der Interferenz verdeutlicht. Abschließend folgt das Fazit und der Ausblick der vorliegenden Arbeit.

2. Kontrastive Hypothese beim Fremdspracherwerb

2.1. Starke Version

Die kontrastive Hypothese wurde auf Basis behavioristischer Lernthorien entwickelt.
Eine Vorstellung der behavioristischen Lernthorien des Fremdspracherwerb lieferten:

> „……the acquisition of an L2 was seen as the acquisition of a new set of habits, a process that was obstructed by first language habits. Theses L1 habits had to be overcome in order for SLA to be successful. Obvously, SLA is not always immediately successful. This lack of success was blamed in part on transfer and transfer was said to occur when habits from the L1 were used in attempting to produce the L2.“ (VanPatten/Williams 2007: S. 20-21).

Daraus wurde von Charles C. Fries (1945) und Robert Lado (1957) die populäre Kontrastive Hypothese formuliert (vgl. Draxler 2008: S. 15). Ihre starke Version besagt:

> „dass die Muttersprache des Lerners den Erwerb einer Zweitsprache in der Weise beienflußt dass, in der Mutter- und Zweitsprache identische Elemente und Regeln, leicht und fehlerfrei zu erlernen sind, unterschiedliche Elemente und Regeln dagegen Lernschwierigkeiten bereiten und zu Fehler führen“(vgl. Edmonson/House 2000: S.222, zittiert nach Bausch/Kasper 1979: S. 5).

Der Einfluß der Grundsprache auf die Zielsprache wird Transfer genannt. Je nachdem, ob sich Grund- und Zielsprache an einem bestimmten Punkt ähneln oder sich unterscheiden, verläuft der Transfer positiv oder negativ. Negativer Transfer wird als Interferenz bezeichnet, positiver Transfer gilt als Lernerleichterung (Edmonson/House 2000: S. 222).

Geht man von der starken Version aus, meint man, dass Unterschiede zwischen der Muttersprache und der Zielsprache eine primäre Ursache von Lernschwerigkeiten haben. Je größer der Unterschied zwischen L1 und L2 ist, desto größer ist der Schwerigkeitsgrad (Edmonson/House 2000: S. 223).

Bei genauerer Untersuchung der starken Version der Kontrastiv Hypothese, musste man aber feststellen, dass sie keine Allgemeingültigkeit besitzt. Es wurde eine neue Version, nämlich die schwache Version entwickelt.

2.2. Schwache Version

Da der starken Version der Konstrativhypothese viele Schwächen aufgezeigt werden konnten, möchte ich mich in der nachstehenden Beschreibung auf die zentralen Kritikpunkte sowohl in der Auflistung von H. Daxler (2008) als auch W. Edmonson/ J. House (2000) beziehen.

Die Vorhersagen von Lernerfehlern auf der Basis kontrastiver Analysen der Mutter- und Fremdsprache seien nicht zuverlässig, so Edmonson und House (Edmonson/House 2000: S. 225). In empirischen Untersuchungen wurde teilweise sogar genau das Gegenteil festgesteilt, nämlich, dass gerade eben Kontrastmangel zwischen der Grund- und der Fremdsprache zu Schwerigkeiten beim Lernen bestimmter Strukturen führen kann (Daxler 2008: S. 17).

Ebenfalls heftig kritisiert wird, dass die Muttersprache in der Kontrastivhypothe als der wichtigste Einflussfaktor auf den Fremdspracherwerb angesehen wird. Der Fremdspracherwerb ist in der Tat nicht nur durch die Muttersprache, sondern auch durch viele andere Faktoren, wie z. B. eine andere schon erworbene Fremdsprache, die Sprachbegabung usw. beeinflusst. Nicht alle Lernschwerigkeiten sind auf die Unterschiede zwischen der Muttersprache und der Fremdsprache zurückzuführen. Die Übergeneralisierung -also Transfer- und Interferenzphänomene innerhalb der Zielsprache spielen auch eine nicht zu unterschätzende Rolle (Daxler 2008: S. 17). Diese Faktoren werden aber in der Kontrastivhypothese nicht berüchsichtigt.

Ein weiterer Kritikpunkt ist, dass unterschiedliche Elemente und Regeln zwischen der Muttersprache und der Fremdsprache Lernschwerigkeiten bereiten und zu Fehler führen. Aus meiner eigenen Erfahrung hilft eigentlich sehr oft der Vergleich zwischen der Muttersprache und der Fremdsprache beim Lernen. Man kann durch den Vergleich die Unterschiede zwischen den zwei Sprachen feststellen und dadurch die Fremdsprache leichter und besser lernen.

Die schwache Version wurde somit als Reaktion der massiven Kritik fomuliert. Sie geht davon aus, dass zwischensprachliche Transfer- und Interferenzerscheinungen den zentralen Prozess im Zweitspracherwerb darstellen. Die oben genannte Übergeneralisierung wurde aber, als für den Zweitspracherwerb relevante Faktoren mit einbezogen (Daxler 2008: S. 18).

3. Interferenz unter dem Begriff „Konstrative Hypothese"

3.1. Begriffserklärung „interlinguale Interferenz" und „intralinguale Interferenz"

Wie bereits festgestellt, wird negativer Transfer der Muttersprache auf die Fremdsprache als Interferenz bezeichnet. Da es in den nächsten Kapiteln nur um interlingualer Interferenz geht, möchte ich zuerst die Paarbegriffe *intralinguale* und *interlinguale Interferenz* differenzieren.

Als *intralinguale Interferenz* bezeichnet man, dass bisher erworbene Kenntnisse der Zielsprache durch Anwendung falscher Analogien auch dort eingesetzt werden, wo sie nicht gebraucht sind (/House 2000: S. 233). In diesem Sinne spricht man auch von *Übergeneralisierung* innerhalb der Zielsprache.

Für ein besseres Verständnis von *interlingualer Interferenz* möchte ich in dieser Arbeit auf die Präzisierung von Borgwardt (1993) eingehen. Nach Borgwardt kann beim Fremdspracherwerb dieser hemmende Einfluss auf die zu erlernende Zielsprache von der Muttersprache, von einer (anderen) Fremdsprache oder bereits ausgebildetem Wissen und Können innerhalb der Zielsprache ausgehen. Zu Interferenzen infolge bewusster oder unbewusster Übertragung kommt es, wenn die Formen bzw. der Gebrauch der bereits angeeigneten sprachlichen Erscheinungen mit den neu anzueignenden nicht übereinstimmen. Eine solche Übertragung erfolgt von der Muttersprache zur Fremdsprache oder von einer ersten zu einer zweiten Fremdsprache, die von Schülern gelernt wird. In beiden Fällen liegt *zwischensprachliche Interferenz*, nämlich *interlinguale Interferenz* vor (Borgwardt 1993: S. 193).

Interlinguale Interferenzen können auf verschiedenen Sprachebenen auftreten. Im folgenden möchte ich dies anhand von Bespielen des Chinesischen auf das Deutsche auf den drei Ebenen, nämlich der Phonetik, dem Vokabular und der Grammatik konkretisieren.

3.2. Interlinguale Interferenz auf der Ebene der Phonetik

Phonetische und phonologische Interferenz wird als Übernahme einer lautlichen Einheit der einen Sprache in die andere Sprache betrachtet (Li 2004: S. 40). Da das Chinesisch und das Deutsch zwei völlig unterschiedliche Sprachen sind, treten phonetische und phonologische Interferenzen beim chinesischen Deutschlernenden häufig auf. Ich möchte nun einige besonders auffällige Aspekte der phonetischen und phonologischen Interferenz betrachten:

1. Vokallänge

Deutsche Vokale sind durch das Merkmal Quantität, nämlich lange und kurze Vokale, gekennzeichnet (Hunold 2009: S. 43). Im Chinesischen hingegen wird die Länge der chinesischen Vokale durch den Ton (Betonung) des Wortes beeinflusst (Hunold 2009: S. 89). Die Lernenden bilden manchmal undifferenzierte halblange deutsche Vokale. Es ist schwer für sie Wörter wie *Staat-Stadt, bieten-beten, Beet-Bett, Täler- Teller* zu differenzieren.

2. Diphthonge

Sowohl im Deutschen als auch im Chinesischen kommen Diphthongen vor. Diese auch als Zwie- oder Zweilaute bekannten Vokalverbindungen stellen für chinesische deutschlernende ein Problem dar, wenn vorallem, nicht wie im Chinesischen, einer eindeutigen Aussprache eine eindeutige schreibweise zugeordnet werden kann. Als Beispiele können hierfür ei und ai in Leim und Mais oder eu und äu in Heu und Läufer genannt werden. (http://de.wikipedia.org/wiki/Diphthong). Im chinesischen hingegen ist durch die Betonung z.B. ǎo in hǎo (gut) bzw. ào in yào (möchten) die schreibweise eindeutig zugeordnet.

3. Triphtonge

Desweiteren gibt es im Chinesischen neben Diphthongen durch Vorangehen der Halbvokale /w/ und /j/ an Monophthonge die Sequenzen /ja/ (俩, liǎ, Liebespaar), (节, jié, Feiertag), /wa/ (光, guâng, Licht), (多, duô, viel), (兄 xiông, älterer Bruder) (http://de.wikipedia.org/wiki/Diphthong) eine Anzahl von Triphthongen, wie z.B. 快 (kuài) (schnell) oder 回 (hui eigentlich huéi) (Rückkehr oder rückkehren) usw. (Hunold 2002: S. 16). Im Deutschen kommen Triphthonge dagegen, ausser bei einigen Wörtern, wie den Interjektionen yeah und wow oder in manchen Dialekten, wie z.B. dem Nordbairischen (jaulen und Jauche) fast nie vor (http://de.wikipedia.org/wiki/Triphthong). Chinesische Deutschlernende neigen so zu langgezogenen Vokalen.

4. einige Konsonanten

Den Chinesischen Deutschlernenden fällt die Differenzierung des vokalischen R (z.B. erleben /e/) und besonders die Aussprache des, nicht wie im Deutschen vorhandenen konsonantischen gerollten R schwer. Der chinesische R-Laut klingt wie das /r/ in *reach* im Englischen. Im Deutschen existieren auch zahlreiche plosiv-frikativ-Verbingdungen z. B. /ts/, /pf/ usw., die es im Chinesischen nicht gibt (Hunold 2002: S. 13). Bestimmte Verbindungen wie ch sowohl hart als auch weich gibt es im chinesischen hingegen auch nicht. Das Ausprechen dieser Konsonanten ist eine nicht zu unterschätzte Herausforderung für chinesische Deutschlernende.

Viele Lernende sprechen wegen der muttersprachlichen Interferenz oft die von der Norm des Deutschens abweichende Aussprache. Der fremde Akzent bildet ein großes Hindernis für die interkulturelle Kommunikation.

3.3. Interlinguale Interferenz auf der Ebene der Vokabulare

Im allgemeinen haben deutsche Vokabulare, im Vergleich mit dem chinesischen Vokabular viel mehr Merkmale. Beim Vokabularerlernen machen chinesische Lernenden wegen dem Einfluss der Muttersprache viele Fehler. Die häufigsten auftretenden Fehler sind im Folgenden aufgeführt.

1. Substantive

Deutsche Substantive haben ein grammatisches Geschlecht, nämlich das Maskulinum (der), das Femininum (die) und das Neutrum (das). Im Chinesisch gibt es kein grammatisches Geschlecht (Zhang 1986: S.102). Viele chinesische Deutschlernende vergessen immer den Artikel mit auszudrücken. Solche Sätze wie: *„Ich mache Computer aus. Vergiss Tasche nicht. Ich habe Bleistift gekauft".* kommen oft beim Sprechen vor. Außerdem verfügt die deutsche Sprache über ein sehr vielfältiges Pluralsystem im Vergleich zum Chinesisch. Es besteht aus 8 verschiedenen Pluralformen (-e, Umlaut + -e, -en, -n, - ,-er, Umlaut + er, -s) (vgl. Kociano 2005: S. 19-20). Chinesische Deutschlernende vergessen deswegen beim Sprechen und Schreiben oft die Pluralendung oder nutzen die falsche Pluralendung bei Substantiven, wie z. B. *Hause* statt *Häuser, Tagen* statt *Tage.*

2. Reflexivverben

Im Vergleich mit dem Chinesisch, hat das Deutsch eine Besonderheit, nämlich eine bestimmte Zahl von Reflexivverben. Bei solchen Verben sind grammatisches Subjekt und grammatisches Objekt identisch und werden immer in Verbindung mit einem Reflexivpronomen zusammen verwendet. So z.B. *„Er kann sich immer noch daran errinern"* (Dudden Grammatik: S. 405-411). Die chinesischen Lernenden vergessen an Mangel eigener Reflexivverben in der Muttersprache oft die Reflexivpronomen. Statt *„ich konzentriere mich auf meine Arbeit.* verwenden viele Lernende *ich konzentriere auf meine Arbeit.*

3. Präpositionen

Zwar gibt es im Chinesischen auch viele Präpositionen, die Regeln dafür unterscheiden sich zum Deutschen aber zum Teil stark. Statt *„Er verzichtet auf sein Recht. Ich bestehe auf meine Meinung".* Lassen viele chinesische Lernende die Präposition weg oder benutzen eine falsche. Z.B. *Er verzichtet sein Recht. Ich bestehe mit meine Meinung".* (Zhang 1986: S.149).

3.4. Interlinguale Interferenz auf der Ebene der Grammatik

Das Deutsch gehört zur indogermanistischen Sprachfamilie und das Chinesisch zu der sinotibetischen. Beide Sprachen haben daher viele Unterschiede in ihren grammatikalischen Regeln und Verwendungen. Da in beiden Sprachen die Gramatik sehr umfangreich ist, möchte ich nun nur diejenigen Grammatikerscheinungen, die zu häufiger interlingualer Interferenz führen, vorstellen.

1. Satzaufbau

Der Satzaufbau des Deutschen unterliegt hauptsächlich der Verbzweitstellungsregel (im normalen Fall) und der Verbfinalstellungsregel (z.B. das Verb im Nebensatz oder in weil- Sätzen). Im Chinesischen unterliegt der Satzbau diesen Regeln aber nicht. Viele Lernende machen daher Fehler. Solche Sätze wie *"Zuerst ich möchte meine Hausaufgaben fertig machen, weil ich habe viele alte Menschen kennengelernt. Ich denke, dass das Wetter ist schöön."* kommen häufig beim Sprechen und Schreiben von chinesischen Lernenden vor (Timmerman 2005: S. 212).

Im Deutschen gibt es Satzgrundstrukturen wie Subjekt + Verb + Genitivobjekt (z. B. *Er kann sich des Vorfalls nicht entsinnen.*) oder Subjekt + Verb + Dativobjekt (z.B. *Er lauscht dem Vortrag.*). Beide Strukturen existieren im Chinesischen dagegen nicht (Zhang 1986: S. 172). Viele chinesische Lernende nutzen in solchen Sätzen aus Gewohnheit das Akkusativobjekt.

2. Tempusverwendung

Das Tempus des Deutschen wird durch die Flexion (hier durch Konjugation) realisiert. Das Chinesische kennt keine den indogermansichen Sprachen entsprechende Flexion. Im Chinesischen ist das einzelne Wort durch seinen Kontext definiert. Auf der Satzebene durch die mit ihnen in Beziehung stehenden anderen Wörter des Satzteils und durch eine Reihe grammatischer Hilfswörter, sowie durch Wortbildung oder situativen Kontext. Diese Mittel tragen auch zum Ausdruck temporaler Information bei. z. B. bedeutet *Wo chi guo fan le.* ich habe gegessen. Hier zeigt das Partikel „*le*" das Tempus auf (Timmermann 2005: 112). Untersuchungen haben gezeigt, dass chinesische Deutschlernende Schwerigkeiten bei der Tempusverwendung haben. Sie verwenden oft das Präsens anstelle einer nötigen Vergangenheitsform (Timmermann 2005: 230).

3. Syntaktische Transferfehler

Manche Lernende übertragen direkt, ohne Berücksichtigung der deutschen grammatikalischen Strukturen, Redewendungen und ganze Sätze. So entstehen eins zu eins Übersetzungen wie *"Er ist sehr sehr richtig". (aus dem* Chinesischen *Ni fei chang fei chang dui).* Dies kann aber zu Missverständnissen führen. Oder es wird einfach das Verb weggelassen (*"Dieses Buch sehr gut. Dieses Zimmer sehr sauber* (Schmidt 1986: S. 190).

4. Mögliche Ursachen der Interferenz

Da die Interferenz Schwerigkeiten beim Fremdspracherwerb verursacht, untersuchen seit Jahren viele Sprachwissenschaftler bzw. Linguisten, darunter Weinreich (1976), Juhasz (1970) und Czochralski (1971) die möglichen Ursachen der Interferenz. Im folgenden möchte ich zwei der am häufigsten diskutierten Themen, vorstellen.

Zuerst sind es sprachliche Faktoren. So ist Weinreich (1976: S. 16) der Auffassung, dass „Je größer die Unterschiedlichkeit der zwei Sprachsysteme ist, das heißt je zahlreicher die sich gegenseitig ausschließenden Formen und Strukturschemata in jedem sind, umso größer ist das Lernproblem und umso zahlreicher sind die potentiellen Ansatzpunkte für Interferenz" (Draxler 2008: S. 26).

Das bedeutet, Interferenz tritt umso häufiger auf, je größer die Unterschiede zwischen den Sprachen. Lernende, die versuchen Sprachregeln und Sprachstrukturen der Ausgangssprache in die Zielsprache anzupassen, entgegnen dabei großen Lernschwierigkeiten.

Die zweite mögliche Ursache können außersprachliche Faktoren sein. Sie bilden dabei eine nicht zu unterschätzende Rolle. So betont Juhasz (1970: S. 15): *„ein vollständiges Bild der Interferenz -wie überhaupt jeder parole-Erscheinung- erhält man nur dann, wenn man die relevanten extralinguistischen Faktoren berücksichtigt"* (Draxler 2008: S. 25). Die außersprachlichen Faktoren beziehen sich beispielsweise auf individuelle Fähigkeiten der Lernenden, auf den Erwerbskontext und die Verwendungssituationen oder auch auf die Einstellungen der Sprecherinnen und Sprecher gegenüber der jeweiligen Sprache (Draxler 2008: S. 26). Man muss also differenzieren können z.B. zwischen einem seit Jahren bedürftigen asylsuchenden Flüchtling und einem Tourist, ein Kind mit Verwandten in der entsprechenden Fremdsprache und einem Studenten oder auch ein im Ausland tätiger Unternehmer mit verschiedenen bereits vorhandenen Fremdsprachenkenntnissen und einem internationalen Wanderarbeiter (z.B. Zirkus, Work and Travel).

5. Vorschläge zur Vermeidung der Interferenz

In den vorangegangenen Kapiteln wurden die Entstehung der Interferenz, die Interferenz auf verschiedenen Ebenen und mögliche Ursachen der Interferenz diskutiert. In diesem Kapitel möchte ich anhand dieser Merkmale einige Vorschläge zur Vermeidung von Interferenz geben.

Wie bereits festgestellt, können Unterschiede zwischen zwei Sprachen Lernschwerigkeiten beim Fremdsprachenerwerb bereiten. Die kontrastive Analyse zwischen zwei Sprachen hilft Lernenden in gewissem Grad Unterschiede beider Sprachen festzustellen und damit Fehler zu vermeiden. Deutschlernende sollten beim Lernen besonders auf die Untershiede zwischen den beiden Sprachen achten, damit sie später weniger Fehler machen.

Mehr über die Kultur der Zielsprache und Sprachgewohnheiten zu erfahren könnte eine weitere Möglichkeit zur Vermeidung der Interferenz bieten. Je mehr man mit der Kultur und den Sprachgewohnheit der Fremdsprache vertraut ist, desto weniger macht man Fehler bei der Reproduktion der Zielsprache. Interferenz wird dagegen häufig durch adaptives Verhalten, vorallem durch den Umgang mit Muttersprachlern im fremd-sprachlichen Ausland verstärkt.

Ein weiterer Schritt zur Vermeidung ist ein von anfang an "richtiges" lernen der Wörter, Sätze und Strukturen. Das erreicht man auch, indem man versucht ganz ohne die Muttersprache auszukommen und Schritt für Schritt wie vom Kleinkind bis zum Er-wachsenen die Sprache erlernt.

Viele Lernende geben sich mit einem für ihre Zwecke ausreichenden Sprachniveau zufrieden. Individuelle, kreative und fachspezifische Erweiterung der Kenntnisse und Fähigkeiten können hierbei den Lernenden zu erneuter Selbstdiziplin ermuntern. Aber am wichtigsten und besten ist ganz gezielte Didaktik mit Methodik, denn nur so wird der Lernende irgendwann entsprechend richtige Analogien herstellen.

6. Fazit und Ausblick

In dieser Arbeit sollte zum Ausdruck gebracht werden, dass die kontrastive Hypothese, besonders die starke Version, sowohl eine wichtige Hypothese beim Fremdsprachenerwerb ist, als auch für weitere Hypothesen, wie z.B. die Fehler-Analyse oder die Interlanguage-Hypothese einen Grundstein gelegt hat. Da sie aber über eine Reihe von Schwächen verfügt (Bausch/ Kasper 1979; Knapp-Potthoff/ Knapp 1982). entstand die schwache Version der kontrastiven Hypothese. Die sich daraus ergebene interlinguale Interferenz kommt auf verschiedenen Sprachebenen vor. Die Verfasserin hat anhand einiger Beispiele des Chinesischen als Grundsprache in das Deutsche gezeigt, dass beide Sprachen sehr unterschiedlich sind und somit chinesische Deutschlernende wegen interlingualer Interferenz die Sprachnorm des Deutschen verzerren. Zum Schluss wurde versucht, mögliche Ursachen der interlingualen Interferenz herauszufinden und Möglichkeiten zur Vermeidung vorzuschlagen.

Zum Abschluß soll erwähnt werden, dass neben einer klaren Definition von interlingualer Interferenz auch ein Verfahren zur Verletzung der Sprachnorm offen bleibt. Meine Vorschläge zur Vermeidung der Interferenz sind nur als Ansatz zu verstehen und deshalb noch ausbaufähig. Es ist daher notwendig in Zukunft noch weitere wissenschaftliche Forschungen in der Praxis durchzuführen, um alle Unklarheiten zu beseitigen.

Literaturverzeichnis

Ahmad, F. S. (1996): Kontrastive Linguistik Deutsch/Arabisch. Zur Relevanz der kontrastiven Untersuchungen für den Fremdsprachenunterricht. In: *Konstrative Linguistik* und Fremdsprachenunterricht (S.35-40). Heidelberg: Julius Groos Verlag.

Bausch, K-R/ Kasper, G. (1979): Der Zweitsprachenerwerb: Möglichkeiten und Grenzen der großen Hypothesen. In: *Linguistische Berichte* 64 (S.5-15).

Borgwardt, U. (1993): Kompendium Fremdsprachenunterricht. In: Fremdsprachendidaktik (S. 193). Ismaning: Hueber Verlag. Zugriff am 25.06.2012

Draxler, H. (2008): Interferenzfehler in schriftlichen Texten marokkanischer Deutschlernender. In: Kontrastivhypothese und Zweitfremdspracherwerbshypothese (S. 15-26). Universität Wien, Diplomarbeit. Zugriff am 20.06.2012, online unter <http://othes.univie.ac.at/1015/1/2008-08-18_9805062.pdf>

Edmonson, W./ House J. (2000): Einführung in die Sprachlehrforschung. 2. Auflage. In: *Lernersprachenanalyse* (S.222). Tübingen und Basel: A. Franke Verlag.

Hunold, C. (2009): Untersuchungen zu segmentalen und supersegmentalen Aussprachabweichungen chinesischer Deutschlernender (S. 43 & S. 89). Frankfurt: Peter Lang GmbH

Hunold, C. (2002): Chinesisch. In: Hirschfeld, U./ Kelz, H. P./ Muller, U.: Phonetik International. Grundwissen von Albanisch bis Zulu. Konstrative Studien für DaF. Phonetische Beschreibung von mehr als 50 Sprachen im Vergleich zur deutschen Sprache mit Hinweisen für den Unterricht (S. 13-16). Waldsteinberg: Heidrun Popp.

Janos Juhasz (1970): Probleme der Interferenz. In: Verfahren zur Bestimmung der durch Interferenz verursachten Fehler (S. 49ff). München: Max Hueber Verlag.

Kocianová, M. (2005): Metasprachliche Fähigkeiten zweisprachiger Kinder. Zum Zusammenhang von sprachlicher und metasprachlicher Leistungsfähigkeit und die

damit einhergehenden Implikationen für eine adäquate Förderung der Russisch-Deutsch sprechenden Kinder im Grundschulalter. In: Sprachinterferenzen (S. 15-20). Müchen: Ludwig-Maximilians-Universität, Inaugural-Dissertation. Zugriff am 21.06.2012, online unter <
http://edoc.ub.uni-muenchen.de/4191/1/Kocianova_Maria.pdf>

Knapp-Potthoff, A. & Knapp, K. (1982): Fremdsprachenlernen und –lehren. Stuttgart: Kohlhammer

Li, Chong (2004): Bilingualer Spracherwerb in deutsch-chinesischen Familien in einem englisch-chinesischen Umfeld – Eine Erhebung in Hongkong. In: Sprachinterferenz (S. 40) München: Ludwig-Maximilians-Universität.   Zugriff am 26.06.2012, online unter < http://edoc.ub.uni-muenchen.de/

Schmidt, W. A. (1986): Kopulasätze des Deutschen und ihre Wiedergabe im Chinesischen. Eine kontrastive Analyse aus valenztheoretischer Sicht. In: Interferenzprobleme eines Lerners von L2 mit L1 als Muttersprache (S. 190). Frankfurt am Main: Peter Lang GmbH.

Timmermann, W. (2005): Tempusverwendung in chinesisch-deutscher Lernersprache. Eine Analyse auf sprachenvergleichender Basis. Band 16 In: Lernsprachenanalysen (S. 112-116 & S. 211-233). Münster: Waxmann Verlag GmbH.

VanPatten, B./Willliams, J. (2007): Theories in Second Language Acquisition. An Introduction. In: Early theories in second language acquisition (S.20-21). USA: Lawrence Erlbaum Associates.

Weinreich, U (1976): Sprachen in Kontakt. Ergebnisse und Probleme der Zweisprachigkeitsforschung (S. 16). München: Beck.

Zhang, Liecai (1986): Eine kontrastive Analyse der Satzbaupläne des Deutschen und des Chinesischen. In: Beschreibung der Satzbaupläne im Deutschen und Chinesischen (S. 149 & S.171-174)